हमदर्द

विजेता मिश्रा

ISBN 978-93-5883-101-6
© VIJETA MISHRA 2023

Published in India 2023 by Pencil

Contributors:
Co-Author: SHRUTI KASHYAP

A brand of
One Point Six Technologies Pvt. Ltd.
Unit no. 26, Ground Floor, Building A1,
Wadala Truck Terminal Road,
Near Post Office, Antop Hill, Mumbai - 400037
E connect@thepencilapp.com
W www.thepencilapp.com

Author biography

विजेता मिश्रा का जन्म पटना, बिहार के एक मध्यमवर्गीय परिवार में हुआ था। बचपन से ही उन्हें किताबों से लगाव था। उनकी शिक्षा उनके जन्म स्थान पटना से ही हुई। इन्होंने अपनी पहली कविता ग्यारहवीं कक्षा में एक प्रतियोगिता के दौरान लिखी, जिसका शीर्षक था "मेरा सपना" (my dream)। कुछ कविताएं निजी स्तर पर लिखने के बाद इन्होनें अपने काम की तरफ रुख मोड़ लिया। काफी साल बाद लिखते हुए लगता है जैसे कितना कुछ था जिसे इन्होनें पन्नों पर नहीं उकेरा। इनका मानना है कि किसी की भी रचना, चाहे वह कविता हो या लेख उनके जीवन काल के अनुभव और भावनाओं से जुड़ी होती हैं। कोई तब तक अपने जज्बातों को शब्दों में नहीं पिरो सकता एवम पन्नों पर नहीं उकेर सकता जब तक उसने खुद वो चीज़ें महसूस ना की हो। फिर चाहे वो साहित्य हो, कविता हो ,लेख हो अथवा कोई शायरी।कुछ भी लिखने के लिए सबसे महत्वपूर्ण है उसके भाव को समझना। उनकी इस पुस्तक में आपको जिंदगी से जुड़ी कितनी ही बातें मिलेंगी जो आपको इस भौतिकवादी संसार से रूबरू कराएंगी। प्रेम, मित्रता, सामाजिक प्रथा/कुप्रथा, जिम्मेदारी जैसे अंश से आप रूबरू हो पाएंगे और खुद को इन कविताओं से जुड़ा हुआ पाएंगे।

CONTENTS

Epigraph

तुम मुझे जानते हो

अगर कभी तुम गिरे और उफ भी नहीं किया

तुम मुझे जानते हो

हालात कितने भी खराब हो,खुदको झुकने नहीं दिया

तुम मुझे जानते हो

लाचारी से हताश हुए,संघर्ष छुटने नहीं दिया

तुम मुझे जानते हो

मर्यादा लांघी उन्होंने,खुदको ना टुटने दिया

तुम मुझे जानते हो

रात की सिसकियों को,दिन में ना पलने दिया

तुम मुझे जानते हो।

Foreword

जिस तरह सैकड़ों सीपों को खंगालने के बाद मोतियाँ प्राप्त होती हैं, उसी तरह अच्छी रचनायें भी बहुधा आसानी से नहीं मिलती हैं| हमदर्द को पढ़ने के बाद काफी समय तक मैं ख्यालों के काफ़िले में रही| यह पुस्तक महज़ कुछ कविताओं का संग्रह नहीं है अपितु भावनाओं, विचारों, अनुभवों और सत्यता का मिश्रण है| इस पुस्तक को पढ़ कर ऐसा आभास होता है मानो लेखिका ने अपने जीवन के अनुभवों एवं समाज में घटित हुए प्रसंगों का अद्वित्य विवरण कविताओं के माध्यम से दिया है | कहने को ये कविता संग्रह लेखिका की पहली पुस्तक है लेकिन जिस तरह से इसको लिखा गया है, यह गूढ़ चिंतन का एक बेहतरीन उदाहरण है | इस पुस्तक को पाठकों के आगे रख कर लेखिका ने कविता प्रेमियों के लिए एक सुखद अनुभव का रास्ता खोजा है | आशा है, जिस प्रकार यह पुस्तक मेरे अंतर्मन को छू गयी ठीक उसी प्रकार यह अन्य पाठकों के हृदयों को भी स्पर्श करेगी !

श्रुति

Preface

इस पुस्तक को लिखने के लिए जिसकी मैं सबसे ज्यादा आभारी हूं वो है वक्त। वक्त इंसान को सबकुछ सिखाती है।हर वो घटनाएं जो आपके साथ रोज़मर्रा की ज़िंदगी में होती है वो आपकी कहानी है जो आप अपनी लेखनी से दर्शाते हैं। मैं कृतघ्न हूं उनका जिनसे जाने अंजाने में मैंने कुछ सीखा हो।धन्यवाद करना चाहूंगी जिंदगी के दुखों और खुशियों को जिसने मुझे लेखक बनाया, अपनी भाभी श्रुति कश्यप को जिन्होने कुछ ऑनलाइन वेबसाइट के नाम मुझसे साझा किये जहां से मैंने अपनी बरसों पुरानी कला को फिर से उजागर किया जो कहीं न कहीं दफ्न थी।अपनी पहली किताब प्रकाशित करते हुए मैं आशा करती हूं कि ये सारे नहीं भी तो कुछ दिलों पर राज करेगी और मुझे प्रोत्साहित करेगी कि आगे और भी रचनाएं मैं आप सभी के समक्ष ला सकूँ।

Acknowledgements

मैं उस व्यक्ति का शुक्रिया अदा करना चाहती हूं जिसने मुझे लिखने के लिए प्रेरित किया। मुझे पता है कि आप अभी भी मेरी पहली किताब में इसका श्रेय नहीं लेंगे,फिर भी मैं आपका उल्लेख करना चाहतीथी।धन्यवाद उस फरिश्ते और भगवान का हमेशा मेरे समर्थन में खड़े होने और मुझे हर रोज एक बेहतर इंसान बनाने के लिए। मेरे प्यारे माता-पिता और सहायक दोस्तों को मेरी सराहना करने के लिए धन्यवाद।मुझे नहीं पता कि मैं कितनी योग्य हूं लेकिन फ़िर भी मुझे और मेरी खामियों को स्वीकार कर रहे हैं। उन खूबसूरत आंखों को धन्यवाद जो लेखन पढ़ रहे हैं, मुझे स्वीकार कर रहे हैं जैसी मैं हूं, उन्हे मेरे दिल की गहराई से धन्यवाद।

Introduction

कुछ एहसास बताएं नहीं जाते और खुद में सीमट के रह जाते हैं पर जरूरत है बयान करने की ,इसलिए नहीं कि देर हो जाएगी बल्की दुसरो में एहसास, अहमियत, कर्तव्य तथा और भी भावनाएं जो हमें निर्णय करने के लिए प्रेरित करती हैं हम डाल सके।निजी रूप में ही नहीं बल्की सामाजिक स्तर पे भी कुछ चीजें जो लोग बोलने में झिझकते हैं वो कविताओं के माध्यम से कह दिया जाता है।इस किताब से आज और अभी से मैं आप सब के प्रति कर्तव्यपरायण हूं, मेरे और हमारे जैसे लोग जो कम लफ्जों में अपना तर्क रखना जानते हैं उनके लिए ये किताब दिल के करीब होगी।मैं हर पाठक से ये वादा करती हूं कि मेरी अगली किताब जल्द ही प्रकाशित होगी।उम्मीद करती हूं कि मेरे शब्दों को आप अपने शब्द मान सहेज के रखेंगे और साथ ही मुझे प्रेरित करेंगे मेरी अगली किताब लिखने के लिए।आशा करती हूं कि मेरी किताब को आपसब का प्रेम मिलेगा और आपकी राय क्या है,मैं क्या सुधार कर सकती हूं ये भी जान कर मैं कृतघ्न हूँगी।अपनी राय आप मुझे मेरी मेल vijeta.mishra94@gmail.com पर भेजसकते हैं।

नाम -विजेता मिश्रा

पिता का नाम - श्री बिनय मिश्रा

माता का नाम - स्मृति रमा

शैक्षणिक योग्यता - वाणिज्य में मास्टर

वृत्तिक अनुभव-शिक्षक, लेखाकार, सलाहकार

जन्म स्थान - पटना, बिहार

गृहनगर - बेहट, झंझारपुर जिला मधुबनी

ईमेल -vijeta.mishra94@gmail.com

यह मेरी पहली किताब है। अभी मीलों जाना है।

दस कदम की दूरी थी

दस कदम की दूरी थी
निहार लेने दे आज
काम की वजह तो बेवजह थी
आस तुझसेमिलने की थी
पास बिठा देख लूं आज
दिल बड़ा ख़ुश है आज
मन्न मेरा ज़िद्दी सा था
बात मेरी मानता ही नहीं
तेरी स्याही के रंग सा कोई रंग नहीं
ले जाऊं क्या इसे संग कहीं
इस एहसास से बढ़कर कोई एहसास नहीं
ठहर जाता ये पल आज यहीं
कहते जा मैं सुन रही
ख्वाब हमारे कुछ बुन रही
देख मुझे नहीं इस तरह
मोम सी मैं पिघल रही
वक़्त था जो फ़िसल गया
वो पुछते क्यू चल दिया
रुक जाने का हुआ मन नहीं

पास होने का एहसास
उस एहसास की खुशबू
खुशबू से भीगे हम
संग मेरे भीगो तुम।

एक वो दिन, एक बाद का..
तुझे देख के ही छू लिया
दूरी जो चाही तुमने,समुंदर जितना दे दिया।

मिला ना मुझसे आज तू
दर्द नहीं मुझे सुकून हुआ
दूरी हमारी कम नहीं पर
छत हमारा एक है
उस रस्तों के पग तेरे
उन हवाओं में रूह तेरे
गले लगाया हमने तुझको
जैसी सांझ लगती रात से
मैं चांद अगर तू सूरज है
तेरा साया मेरी जरुरत है
हटा के देखो अपनी परछाई
चाँद तेरी अब अमावस है।

मिल तो लोगे ना

तुम्हारे दीदार की तमन्ना हुई है
मिल तो लोगे ना
वो जो मुझमें शुमार
जिनसे मोहब्बत हमें बेशुमार
आज देखना है उनको
तड़प झलक की तुम समझो ना प्यार
ठिकाना वही, हमतुम कहीं
मिलेंगे तुम्हें उसी रास्ते यकीन
ओझल सी नजरे तुम्हें ढूंढती जहां
वहां तुम हो,हां तुम हो मेरी जान
थम सा गया है ये जग सारा
कुछ ऐसा हुआ है मिलन हमारा
बातों में उनके गुम हुए तुम ऐसे
तेरी एक झलक को हम भी हैं तरसे
वो ख़ुशी वो चमक वो दिल का लगाना
तुमने देखा मुझे ऐसा कुछ करके बहाना
कहने सुनने की चाहत बस रह गई
समझाया खुदको मौके अभी कई
होंगे कई काम और हम भी तो आम
आंसुओं को रोक रही, हो रहे नीलाम
तुझे देख कर ही तो चैन है
मन मेरा बेचैन है
इतनी शिद्दत से चाहा है कुछ तो तोल
अपनो की टोली में बता मेरा कितना मोल??

सुकून

सुकून सा मिला था मुझे तेरी प्यारी बातों में
सबको भूल जाता था तेरी नशीली आँखों में
तेरी चाहतों ने ही यह एहसास कराया कि
उजाला भी आ सकता है अँधेरी रातों में
तू कहती थी न कि मै तेरा सपना हूँ
तू कहती थी न की मै तेरा अपना हूँ
तो फिर ये दूरी ये तन्हाई क्यों
तेरी चाहतों में ये रूख़ाई क्यों
हमें भी तुम यूँ चाहो जैसे मैंने चाहा है
ऐसा तो ना मैंने तुमसे माँगा है
तो तुम बताओ की चाहेँगे फिर कैसे
तेरे बिन ये सांसें चलेंगी फिर कैसे

तेरी सांसों से जुड़ी है वो मन्नत के धागे
हर दर मैं पूजूं झुकु सबके आगे
हिफ़ाज़त में लगाया जो माथे पे टीका
हर दुआ आएगी रास हर बला हो तुझपे फीका
हर भोग लगे तेरे नाम से
तुझे माँगू मैं अपने राम से
बना ले अपनी सीता
चलूँ काँटों पर बस तेरे ही साथ में
तेरे मोह की मैं राधा
मीरा बन विष पीयूं पूरा हो या आधा

सीता हूँ अपने राम की
मैं राधा अपने श्याम की

सीता हूँ अपने राम की
मैं राधा अपने श्याम की

तुम

किस्मत मेरी तुम बने
तो खुशकिस्मत हूं मैं
मांझी मेरी नाव का तुम
तो साहिल हूं मैं
प्रेरणा मेरी तुम बने
तो उसकी मंजिल हूं मैं
प्रार्थना में तुम जो
तेरी पुजारी हूं मैं
साथ मेरे तुम जो
तेरी साथी हूं मैं
डूबी तेरे भावनाओं के समुंदर में
निकलना नहीं मुझे
जाऊँ जितना अंदर मैं।

मेरा क्या लागे

कोशिश किया दूरी की
अपना मुझे हर बार लागे

फासले हैं बेकार सभी
इतने करीब हो आप लागे

तुझे सुनते रहना सुकून मेरी
कि चुप्पी अपनी त्योहार लागे

भुला दिया है मैंने सब
मेरे हो हर हाल में लागे

हद में रहकर देख लिया
बेहद रहूं तो ऐतराज़ लागे

देख ले तुम्हें जी भर के
मन की तकलीफ का अंदाज लागे

बांध लिया है खुदको मैंने
इल्ज़ाम पूरा तेरे सर लागे

कुछ कह दो ना

कितनी खामोश है सबकुछ
कुछ कह दो ना
तुमको सुने घण्टो बीत गए
कुछ कह दो ना
धड़कने भी थम गई है
कुछ कह दो ना
तुमने समय से खाया क्या
कुछ कह दो ना
थक गए होगे तुम
कुछ कह दो ना
फिकर तो नहीं, कुछ सोचा तो नहीं
कुछ कह दो ना
नींद तो आई ना
कुछ कह दो ना।

अरे सात बज गए

अरे! सात बज गए

बिखरे से बाल , डगमगायी चाल,

देर तो नहीं हुई , देखो मेरा हाल

रुको कप कहाँ है , क्या बरतन धूला है

चीनी तो कम नहीं,पत्ती वहां है

पूजा की थाली, मेरे आंगन की हरियाली

उफ्फ साफ तो किया था, फिर से हुई काली

खाने में क्या बनेगा, 10 तुरंत बजेगा

पहले रोटी की बारी या भुंजिया करारी

सब्ज़ी भी बनानी, क्या दाल नहीं चढ़ानी

माँ को दे दिया, पापा कुछ लेंगे..

जी आपने खाया और भी कुछ सब लेंगे

खा लेती हूं मैं फिर कुकर की बारी

पड़ोश वाली चाची रुकना मै आई

गर्मी की तो इंतेहा है लिजिए पानी यहां है

ये सब तो ठीक है ऐसे मुझे कुछ नहीं मना है

क्या चाची सब कुछ यहां है

5 मिनट तो दीजिए समझिए बना है

सबको देख आते हैं, समय से खिलाते हैं

शाम की चाय पर सबको बुलाते हैं

आ गए आप ऑफिस से कितना थक जाते हैं

लाना फ़ाइल को रख दूं

कपड़ों को तय कर दूं

कितने परेशान हो जाते हो
अब कुछ पैसे मैं भी जोड़ लूं
अपना एक सपना हो
सुख चैन का अरमा हो
कमी लगे कोई चीज़ की
दुसरे को वो भरना हो
घर हो, काम हो ,भविष्य का निर्माण हो
घर में हमारी छोटी सी जान हो
डर हो न भय हो
बेटी हमारी ब्यूटी विद ब्रेन हो
रक्षा करे वो अपनी इतनी सशक्त नारी हो
सद्भावनाओं से भरी वो, इतना उसमें प्रेम हो।

बाकी तो सब था

बारिश हो रही है कहाँ हो?

तेरे आशियाने से दूर नहीं

हाँ मिली! तुम वहाँ हो

कब से मैं खड़ी थी,कभी छुआ है इन बुंदों को?

सुनो ना कुछ कहती हैं ये

कुछ खो गया क्या इनका, ढूंढो तो

तुमने लिखना जो छोड़ दिया

कैसे कहते ये, बस रो दिया

इतना जरूरी था क्या लिखना

लगता है तुम्हें पेशा,चाहे लिखूं जितना

बेवजह भी लिखते हैं हम तेरे लिखने के बाद से

जाते ही नहीं कभी तुम मेरी याद से

हक भी जता लो कभी मेरा कहना मान लो

चलता है जो मन में वो जुबान पे डाल लो

कहना हमें सब था, वो पल जो कि अब था

हक नहीं था मेरा बाकी तो सब था

बारिश क्यों बंद होती हैं

मुलाक़ातें भी चंद होती हैं

मिलना ही कब है बाकी तो सब है

अधुरा ही छोड़ते कुछ नहीं जब है।

मेरी दुल्हन

तू सपने देख मैं पूरा करूँगा

हो पूरा वो ये दुआ करूँगा

जो माँगे बूँद मैं दरिया बनूँगा

कांटे तेरे पग के चुनूँगा

हसरतें तुझे चाँद तारो की

तेरे नाम पूरा आसमान करूँगा

एक तेरी चाह के लिए

दफन हजारों सरेआम करूँगा

कतरा भी छू न पाए

ऐसी दर ओ दीवार बनूँगा

जान तेरे इन कदमों में

सौ जन्म कुर्बान करूँगा

कसूर तेरा कुछ नहीं

अपने सर इल्ज़ाम करूँगा

दिन क्या रात क्या

हर मौसम तेरे नाम करूँगा

सर्दी की सीत,गर्मी की धूप ,बारिश की धार

थाम लूँ सभी बस कह दे एक बार

मेरी दहलीज़ की लक्ष्मी मेरे घर की दुल्हन

आज से तू रहेगी संग हरदम

घरवालों की हँसी ठिठोली झुकाए पलके मुझसे बोली

बस वार गया तब तुझपे सब

दिल हार गया मैं तुझपे अब

चंचल सी तू तेरे आँचल की छाया

देख रही उस रब की माया
कर्म मेरे कुछ अच्छे होंगे
तभी सनम तुम मेरे हो गए!!

रिश्ता

काम का सिलसिला तो खत्म हो रहा नहीं

आऊँ क्या कह दो वक्त ऐसे मिला नहीं

आने को आ जाते पर क्या हो अगर कल आते?

अच्छा तो मिलते हैं वक्त हैं ढलते हैं

कहना मान के तेरा हम सीढ़ियों को चढ़ते हैं

समय तो दे दिया फोन भी तो कर देते

गुज़र रही तेरे रास्ते से देखूँ तो कहाँ हो

मिलते हो अगर तब ही कुछ बयान हो

देख तो रहा हूं वहाँ उनसे बातें करते

लो काम मेरा हो गया चलुं अपने रास्ते

आज तो सही में तुम काफी व्यस्त थे

पहली दफा में ये हुआ था

आने से तेरे घबराया, जाने से हम बेचैन थे

हुआ था जो तुम्हें इसे कहते हैं प्यार

जो ना जाने कोई बंधन ना कोई दीवार

सामने आओ तो कह देते

छाँव में तेरे रह लेते

दूर से कहो हम मान लेंगे

चाहत तेरी जान लेंगे

कहीं टकरा गए कभी तुमसे

नज़रे हम झुका लेंगे

कदम तुम जो आगे लेना

पीछे हम बढ़ा लेंगे

जिद करो अगर तुम

फासले हम बना लेंगे
घर ना कभी टुटे तेरा
खुदको ऐसी दीवार बना लेंगे
इस अनमोल रिश्ते को यूँही हम बचा लेंगे !!

बारिश नहीं थम रही

हैलो, बस पहुँच रही..

ये बारिश क्यों नहीं थम रही

छम से इन बूंदों पे आहिस्ते से चल पड़ी हूँ

बारिश की छिटों से खुद को भीगो चुकी हूँ

सुनो, ध्यान से चलाओ वरना मैं तो निपट रही हूँ

मौसम की ठंड से खुद मे लिपट रही हूँ

आज ही क्यों आए हो, कैसी घटा लाए हो

थमने का नाम क्या, उजाले का निशान नहीं

तर से गिरी बिजली तो डर से मैं छुप गई

सामने क्यों खड़े हो, क्या नहीं मैं दिख रही

देख तो रहा हूँ कुछ एक आधे घंटे से

अरसे से देखा नहीं था लगा बिगड़ी बात बनते से

खामोश हो, हटो जरा, जाना इसी रास्ते से

भाओ मेरे ज्यादा हैं तौलोगे क्या सस्ते से

बारिश सी हो तुम, बिजली सा वार

बरसो ना मुझपे, भिंगू मैं भी अबकी बार

चुप रहो, जाओ ना,मानते नहीं बात तुम

अब क्यों बता रहे हो क्यों रहना नहीं है गुम

अब नहीं तो कब कहूँ

मैं बारिश हूं जो बरस पड़ू

मेरे लहज़े में इश्क़ नहीं

उम्मीद ही दे दो की तरस सकूँ!!

खामोश हूं मैं

कितनी खामोश हूं मैं

सुन्ने वाला जो चला गया

कुछ कहने से पहले

 कहने वाला चला गया

अल्फ़ाज़ सबके परे नहीं

उन अल्फ़ाज़ों को समझने वाला चला गया

राह भटक रही हूं मैं

रास्ता दिखाने वाला चला गया

सपने मेरे डगमगा रहे

उन सपनों को पर देने वाला चला गया

कामयाबी के कागज़ दफ़न हो रहे

उन कागजों को पुरस्कृत करने वाला चला गया

क्या करना है मुझे

भविष्य के संकल्प को सराहने वाला चला गया

चूल्हे चौके से दिल्लगी कब थी हमें

कितना कुछ बदलना है समाज में

बदलते देखने वाला चला गया

किनसे कहूँ मैं दिल की बातें

एहसास की कदर करने वाला चला गया!

टुट जाते हैं

कितना कुछ चलता मन में
हम कह नहीं पाते
बोल तो देते हैं
कोई सुन नहीं पाते
चुप हो जाते हैं
इसलिएटुट जाते हैं
दुनिया भर की कसम
जमाने की रस्म
हमसफ़र समझते नहीं
दर्द खुद में घुटते हैं
हम टूट जाते हैं
तुम ऐसे हो
तुम वैसे हो
दोष मुझे दे जाते हैं
ये आता है क्या
वो समझते हैं
सभ्य है आप,चुप हो जाते हैं
इसीलिये टुट जाते हैं
समझता कौन है हमें
अपनी अपनी चलाते हैं
पुतला हूँ मैं,ढह जाते हैं
हम टूट जाते हैं
मुझमें कमी है,बेवजह की नमी है
साथ कोई चलता नहीं

सब छोड़ जाते हैं
हम टूट जाते हैं
मन की सुने कोई
क्या चाहत है पूछे कोई
व्यांग सुन सुन के रोज़ मर जाते हैं
हम टूट जाते हैं
तुच्छ से लोग हमें
कितना सुनाते हैं
रिश्तों की आर में
फैसला बताते हैं
हम टूट जाते हैं
बाबा मेरे बीमार हैं
माँ के काम अपार हैं
खाली सा लगता फिर भी
गिर के उठ जाते हैं
हम जुड़ जाते हैं !

साक्षी हत्याकांड

आज आंखों में आंसू लिए कुछ लिख रही

साक्षी तू अब भी तड़प रही?

धर पकड़ तोड़ेंगे

जरा सा भी उसने कतराया

कहाँ है तेरा हत्यारा

लथपथ पड़ी है तू

तेरे जिस्म ने कितना रक्त बहाया

मास की तेरी काया लगी उसे रुई के समान

गोद - गोद खंजर घुसाया

वो पुरुष है या हैवान

मर परी तेरी काया, तुझे कौन पूछने आया

जो था तेरा साया, तुझे मरते देख आया

कैसा है ये प्यार

क्यों उसी पर लुटाया

लेकर मशाल कितना कोई चले आज

किसी के सर से न उठ सकेंगी

मौत की ये गाज़

जिस युग में तुम जी रही, वो युग नहीं काल

रखना तुझे खुद ही पड़ेगा अपनी इज्जत संभाल।

तू कौन है

तू जन्म है अंत भी तू
है जीत में पतन भी तू
स्वेत तू अश्वेत तू
कन्न में ही सर्वस्व तु
बीज से बगान में
सूक्ष्म से संतान में
विनम्र से प्रचंड तक
यश से कलंक तक
कौन है तू कौन है
पूछता मुख मौन है
अनरची पंक्तियों का सार तू ,कगार तु
क्यों तेरा आरंभ से विराम तक बखान है
है कौन किसलिए जग में तेरा नाम है
दर्द से कराहते वे
हसरतों की आर में
जो बहाता लहू वो कौन है
किसकी थी तलाश वो
किसका शिकार वो
रोक ले उन्हें अगर तू पास है
छूरियां बारुद तेजाब है
तख्त से शमशान है
पहचान कौन धर्म जात समाज है
सब लहुलुहान हैं
चुपियों को तोड़ तू

मुख से कुछ बोल तू
अन्यथा कल तेरा भी वही अंजाम है !

खाली पन्ना

खाली पन्नो का एक खजाना

किसी को खो कर किसी को पाना

चंद सांसें थी जीने को

वरना मरते थे हम रोज़ाना

धूप थी हज़ार बारिश बेशुमार

नींद की डगर कैसे पार होगी मगर

क्या कहे ये ज़माना इसी द्वंद्व में ख़ुद को हंसाना

मुश्किल वक्त है खैर तुम्हें क्या बताना

कुछ रिश्ते बचाने थे क्या

जो नहीं हो पाया जताना

ठोकरे खा कर संभल जाते सब

किस्तों की मौत का क्या सबब सुनाना

मुक् सी ये तस्वीरें

फूट के वे रो परी हैं

आइना भी देता गवाही पर

शख्स एक कम गई है

तेरा रूठ के मनाना

फिर मेरा मुस्कुरा कर इतराना

तसल्ली मिल गई मेरे बचपने को

भारी पड़ा दिल लगाना

आई गई तेरी यादें

तुम नहीं आना।

ग़लती

हमको बचा के ही कमाल कीजियेगा

गुनाह ही क्या किया जो मुझसे सजा लिजियेगा

आपको शायर बना दिया, और क्या खता करूं

इंसाफ के कटघरे में, कौन सा इल्जाम चुनू

कोई उनसे कह दे मेरी सज़ा मे थोड़ी कमी कर दे

मुर्शिद...आदतन मुजरिम नहीं हूँ

बस गलती से इश्क़ हुआ था...

ना जाने इश्क को गलती का नाम क्यों देते लोग

ऐसी सजा मुकर्रर करेंगे

जहाँ रिहायी पुरी की पुरी कैद हो

ज़मानत कराने की सोचे भी कोई कैसे

यहाँ गवाही भी इश्क की जुबानी से हो

इरादों के खेल को प्रेम ना समझना

ज़मीर मार तेरे लिए कफन खरीदा है

खिलाड़ी पक्का था मैं

तभी मैंने तेरे मासूम दिल से खेला है।

जज्बात

बहुत संभलकर लिखना पड़ता है
जहन ए जज्बात को
वर्ना स्याही पर नहीं
गहराई पर सवाल उठते हैं

गहरा तो मन भी है हमारा
फिर क्यों नहीं इनसे तालुकात रखते हैं ?
बेशक जज्बात तेरे बयानो से ऊपर हैं
कुछ इस तरह संभालेंगे इश्क ए दस्तूर को
मुकर्रर कर देंगे दो जहान इसी महफ़िल में
फिर सवालों का शोर हो या तानो का जोर
गुंजेंगी खुशियां तुम देखो जिस भी ओर।

कैसा इश्क़ है

हमें मालूम है इश्क़ की आख़िरी हद
फिर भी इस दिल से बग़ावत है तो है
इश्क़ में ज़रूरी तो नहीं तुम मंज़िल हो मेरी
तुमसे इस दिल को राहत है तो है
तेरे ख़ातिर लिखता हूँ मोहब्बत की लकीरें
तू मेरे इश्क़ की लिखावट है तो है।

वो इश्क़ भी कैसा इश्क़ था
जहाँ हद भी तेरी बग़ावत भी तेरा
मंज़िल मानी भी नहीं और
राहत का सवेरा भी तेरा
मत खींचो ऐसी लकीरें मेरे ख़ातिर
जहाँ इश्क़ भी तेरी लिखावट भी तेरा।

कहते हैं वो

कहते हैं वो
दिल्लगी कर ज़िंदगी से दिल लगाकर चल
थोड़ी सी ये ज़िंदगी है मुस्करा कर चल
हमने कहा...
थोड़ी सी नहीं, बहुत बड़ी है ये जिंदगी
कितना कुछ बाकी है करने को
डर भी ना डरा पाए हमें
हम तैयार हैं ऐसे चलने को

सामने हो

सामने हो यहाँ तो क्यों भटकूँ मैं

जवाब हो अगर तो क्यों अटकूँ मैं

मासूमी भरी तेरी इनायत दिखे तो क्यों तरसु मैं

जुबान तक आई है जो बात

वो बात ना कहूँ मैं

सुना दस्तक दिया है तुमने मेरे अधखुले से घर में

लिख रहा था ख्याल तुम्हारा बीच दोपहर में

इतवार की शाम मेरा दिल तेरे नाम

बैठ जा जरा कर दूँ तेरा काम

डायरी की एंट्री, गणित का ज्ञान

बैठने भर से भुला वो पन्ना जो रट्टा था सुबह शाम

वो कहती है..

हर शब्दों की श्याही उड़ेले ज़ज़बातों की प्याली

जो लफ्जों से बयाँ नहीं

वो तौहीन तेरी शायरी ने कर डाली।

बहुत दर्द है

किस भवर में डाला रे

तैरा दे या डूबा दे

नहीं रहना इस मझेदार में

मेरी नैया पार लगा दे

लगता जैसे वीराने में खड़ी हूं

कोई खीच रहे मेरा हाथ रे

मुझे मंजिल अपनी प्यारी है

रोक नहीं ओ समाज रे

किसी का तो हो सर पे हाथ

यू अकेला कब तक चलूं

कोई तो समझे बात रे

मन के आइने को पढ़े कोई

कोई तो चल दे साथ रे

ना जाने और कितनी आंधियों से गुजरना होगा

दे दे कोई जवाब रे

सिक्के के पहलू

हर सिक्के के दो पहलू होते हैं
कोई आपके लिए बुरा है
तो कोई किसी का खास।
कोई आपका दीवाना
तो किसी को आते नहीं रास।
अहमियतौ के सिलसिले तो चलते रहेंगे
जरा लाना मन में एक सवाल
साँस भी जो खुद लिया
क्या धड़कनों को पुछ लिया?
फिर क्यों फ़र्क पड़े इतना
क्यों इतना सोच लिया
खुद से यही अर्जी कि चलाउंगी अपनी मर्जी
अच्छे बुरे का ठेका हमने अपने जिम्मे खुद लिया।

नज़र लग गई

दो पल हँस दिया

नज़र ख़ुशी को लग गई
मन था जीने को
आहट कब्र को लग गई
मंज़िल ढूंढ़ने जो निकले
खबर डगर को लग गई
चाहत खुले पवन की हुई
बंदिश घर की लग गई
घुट घुट ही जियो ना
जहर गम के पियो ना
चुप चुप बैठे रहो
ज़ुबान है पर सिलो ना
आँखों में नमी है?
क्या कोई कमी है?
थोड़ा बहुत तड़प ही लो
जल्दी नहीं आहिस्ते ही मरो